Marija Keller

Die universale Aktivierung
der Heilsteine

Für Privatleute und Therapeuten

Steine sind beseelte Wesen

Bibliografische Information der Deutschen National-
bibliothek:
Die Deutsche Nationalbibliothek verzeichnet diese
Publikation in der Deutschen Nationalbibliografie;
detaillierte bibliografische Daten sind im Internet
über http://dnb.dnb.de abrufbar.

2. Auflage November 2016
© 2016 Marija Keller
Praxis **meinursprung**

Fotografie: Judith Fasler (lichtinsnetz.ch), öffentliche
Quellen

Herstellung und Verlag: BoD – Books on Demand,
Norderstedt

ISBN: 978-3-7431-1263-6

Inhaltsverzeichnis

VORWORT 15

1. KAPITEL

STEINE SIND BESEELTE WESEN 18

2. KAPITEL

MÖGLICHKEITEN UND GRENZEN DER ARBEIT MIT
HEILSTEINEN 21

3. KAPITEL

UNIVERSALE AKTIVIERUNG DER HEILSTEINE 24

 UNIVERSALES GEBET ZUR AKTIVIERUNG 28

4. KAPITEL

DIE SEELENNAMEN DER HEILSTEINE 29

 ABALONE PAUA MUSCHEL 30
 ACHAT ROT 30
 ACHAT WEISS 30
 AKTINOLITH-QUARZ 30
 ALUNIT 30
 AMAZONIT 30
 AMETHYST 31
 AMETHYST (CHEVRON) 31
 AMETRIN 31
 ANDENOPAL AZUR 31
 ANDENOPAL PINK 31
 ANDENOPAL WEISS 31
 ANTIMONIT 32

APACHENTRÄNEN-OBSIDIAN	32
APATIT	32
APOPHYLLITH	32
APRICO-ACHAT	32
AQUAMARIN	32
ARAGONIT	33
AUGEN-ACHAT (=KUGEL-RHYOLITH)	33
AVENTURIN GRÜN	33
AVENTURIN ORANGE	33
AVENTURIN ROT	33
AZURIT	33
AZURIT-MALACHIT	34
BARYT	34
BAUMACHAT	34
BERGKRISTALL	34
BERNSTEIN	34
BERYLL	34
BIOTIT-LINSE	35
BLAUQUARZ	35
BLUTCHALCEDON	35
BLÜTEN-PORPHYR	35
BOJIS	35
BOTSWANA-ACHAT PINK	35
BOTSWANA-ACHAT	36
BRASILIANIT	36
BRONZIT	36
CALCIT BLAU	36
CALCIT GRÜN	36
CALCIT GELB	36
CALCIT HONIGFARBEN	37
CALCIT ORANGE	37
CALCIT ROSA	37

Calcit rot	37
Calcit weiss	37
Cappuchino-Jaspis	37
Carneol	38
Chalcedon blau	38
Chalcedon Orange-River	38
Chalcedon rosa	38
Chalcedon rot	38
Chalkopyrit	38
Chalkopyrit-Nephrit	39
Charoit	39
Chiastolith	39
Chile-Lapis	39
Chrom-Chalcedon	39
Chromdiopsid	39
Chrysanthemenstein	40
Chrysoberyll	40
Chrysokoll	40
Chrysopras	40
Chytha Serpentin	40
Citrin	40
Coelestin	41
Crazy Lace Achat	41
Dalmatiner Stein	41
Danburit	41
Dendriten-Achat	41
Dendriten-Chalcedon	41
Dendriten-Opal	42
Diamant	42
Dioptas	42
Disthen/Cyanit	42
Dolomit gebändert	42

Dolomit weiss	42
Dr. Liesegang Stein	43
Dumortierit	43
Eilatstein	43
Eisenerz	43
Eisen-Jaspis	43
Eisenmeteorit	43
Eklogit	44
Elfenbein-Jaspis	44
Epidot	44
Erdbeerquarz	44
Eudialyt	44
Falkenauge	44
Feuerachat	45
Feueropal	45
Flamm-Achat	45
Fleisch-Achat	45
Flint (grau)	45
Flint (bunt)	45
Fluorit (Regenbogen)	46
Fluorit türkisblau	46
Fluorit braun	46
Fluorit-Opal	46
Gabbro	46
Gagat	46
Galaxyit	47
Gem Silica Chrysokoll	47
Girasol (Quarz)	47
Goldstone (Pyritquarz)	47
Granat	47
Granat in Matrix	47
Grossular	48

HÄMATIT	48
HÄMATITQUARZ ROT	48
HÄMATITQUARZ SILBER	48
HELIODOR	48
HELIOTROP	48
HESSONIT	49
HIDDENIT	49
HYPERSTHEN	49
IOLITH/CORDIERIT	49
IVORYIT (DOLOMIT)	49
JADE BRITISH-COLUMBIEN	49
JADE/NEPHRIT	50
JADE SCHWARZ	50
JADEIT GRÜN	50
JASPIS BUNT	50
JASPIS GELB	50
JASPIS ROT	50
JASPIS ROT-BRAUN	51
KAKOXENIT	51
KALAHARI PICTURE STONE	51
KIESELTUFF	51
KIMBERLIT	51
KUNZIT	51
KUPFER	52
KUPFER-CHALCEDON	52
LABRADORIT	52
LAPISLAZULI	52
LARIMAR	52
LASURIT	52
LAVENDEL-JADE	53
LEOPARDENFELL-JASPIS	53
LEPIDOLITH	53

Magnesit	53
Magnetit	53
Mahagoni-Obsidian	53
Malachit	54
Markasit	54
Marmor	54
Milchopal	54
Milchquarz	54
Moldavit	54
Mondstein	55
Mookait	55
Moosachat	55
Moqui Marbles	55
Morganit	55
Nephrit	55
Obsidian	56
Onyx	56
Onyx-Marmor	56
Opal/Chrysopal	56
Opal in Matrix	56
Opal-Holz	56
Opal pink	57
Opalith	57
Orthoklas	57
Palmholz versteinert	57
Peanut Wood	57
Peridot/Olivin/Chrysolith	57
Peruan Jade (Lizardid)	58
Petalith	58
Phantomquarz	58
Picasso-Marmor	58
Pietersit	58

POP-JASPIS	58
PORZELLANIT, AUGEN-	59
PORZELLANIT, LANDSCHAFT-	59
PRASEM	59
PREHNIT	59
PRINTSTONE	59
PYRIT	59
QUARZ MIT EISENEINSCHLÜSSEN	60
QUARZ MIT GRÜNEM TURMALIN	60
QUARZ-KATZENAUGE	60
RAUCHQUARZ	60
REGENBOGEN-MONDSTEIN	60
REGENBOGEN-OBSIDIAN	60
RHODOCHROSIT	61
RHODONIT	61
RHYOLITH	61
ROSENCHALCEDON	61
ROSENQUARZ	61
RUBIN	61
RUBIN-ZOISIT	62
RUTILQUARZ	62
SAPHIR	62
SARDER	62
SARDONYX	62
SCHALENBLENDE	62
SCHLANGENJASPIS (FOSSIL)	63
SCHNEEFLOCKEN-EPIDOT	63
SCHNEEFLOCKEN-OBSIDIAN	63
SCHNEEQUARZ	63
SCHWEFELQUARZ	63
SELENIT	63
SEPTARIEN	64

SERPENTIN	64
SILBERAUGE	64
SILBERSCHEIN-OBSIDIAN	64
SMARAGD	64
SMARAGDQUARZ	64
SODALITH	65
SONNENSTEIN	65
STERNACHAT	65
STROMATOLITH	65
SUGILITH	65
TANSANIT	65
TEKTIT	66
THULIT	66
TIGERAUGE	66
TIGEREISEN	66
TOPAS BLAU	66
TOPAS IMPERIAL	66
TRÜMMER-JASPIS	67
TURITELLA-ACHAT	67
TÜRKIS	67
TURMALIN GRÜN	67
TURMALIN ROT	67
TURMALIN SCHWARZ	67
TURMALIN WASSERMELON	68
TURMALIN-KATZENAUGE	68
TURMALINQUARZ	68
ULEXIT	68
VARISCIT	68
VERDITH	68
VERSTEINERTES HOLZ	69
VESUVIANIT	69
ZEBRA-ACHAT	69

Zebra-Marmor 69
Zinnober 69
Zirkon 69
Zitronen-Chrysopras (Gaspeit) 70
Zoisit 70

5. KAPITEL

PERSÖNLICHE BOTSCHAFT DER STEINWESEN 71

ÜBER DIE AUTORIN 74

Vorwort

Liebe Leserinnen und Leser

Wie so viele andere Menschen faszinierten mich von jeher die Heilsteine, ihr Aussehen, ihr Charisma, die Möglichkeiten ihrer Wirkungs- und Einsatzmöglichkeiten. Wie so viele andere Menschen auch kaufte ich mir Literatur über Steinkunde und besorgte in schmucken Lädelchen den einen oder anderen Heilstein in natura.

Brav befolgte ich die Anleitungen zur Reinigung und Pflege dieser besonderen Elemente und trug sie in festem Glauben und gutem Gewissen wie empfohlen auf die Weise und an den Körperstellen, wie es in den Büchern beschrieben wurde. Herzrasen, Warzen entfernen, die Nierenfunktion unterstützen, Ängste lösen, Kraft spenden usw. Dies alles sollte bei mir wirken und funktionieren, um letztendlich zu helfen. Doch nichts geschah …

Ich wunderte mich, weil es doch immer so schön heisst: *„Wenn du nur ganz fest an etwas glaubst, funktioniert es, wenn nicht, dann nicht. Es kann sein, dass dein Unterbewusstsein nicht daran* *glaubt und dann funktioniert es auch nicht."* Na toll, sehr tröstlich! Enttäuscht wendete ich mich samt meiner Freude und Faszination wieder von diesen wunderbaren Wesen ab – ja, Steine sind Wesen, doch dazu gleich mehr. Erst viel später, als meine Medialität wieder erwachte und ich begann, Menschen mit meiner geistigen koordinativen Kommunikation zu begleiten, eröffneten sich mir Wissen und entscheidende Erkenntnisse rund um die Steine. Ich begriff recht schnell, dass es nicht an den Heilsteinen selbst gelegen hat, dass sie nicht bei mir wirkten, auch nicht nur an meinem Glauben oder Unglauben. Die richtige Aktivierung, Handhabung und Mentalität im Umgang damit sind der Schlüssel zum Glück.

Dieses Wissen, diese Erkenntnisse möchte ich gern mit Ihnen teilen, wenn Sie es wollen. Ich erhebe hiermit nicht den Anspruch auf Allgemeingültigkeit oder sogar Weisheit – diese Art von Überheblichkeit oder Ego-Bewusstsein entspricht nicht meinem Wesen, Wollen, Denken oder Fühlen. Ich biete Ihnen an, das zu teilen, was ich selbst erfahren habe und von dem ich überzeugt sein darf, weil es mir in meinem Wirkungsfeld in der Begleitung meiner Klienten-/innen und auch in der privaten Anwendung sehr geholfen hat. Diesen Ratgeber halte ich übrigens bewusst kurz, weil es in der heutigen schnelllebigen Zeit sehr geschätzt wird, möglichst rasch an Informationen zu kommen, ohne äusserst umfangreiche Bücher oder Beiträge lesen zu müssen.

Sollten Sie noch vertiefende Fragen haben, zögern Sie nicht, mich zu kontaktieren. Sie können auch auf meinem Blog Ihr Anliegen vorbringen, dort beantwortet die geistige Welt zahlreiche Fragen zum alltäglichen Leben wie auch zu grösseren universalen Gesetzen und Zusammenhängen.

Ich danke Ihnen für Ihr Interesse, diesen Ratgeber zu lesen. Was Sie daraus für sich mitnehmen wollen oder nicht, das liegt ganz allein in Ihrer Entscheidung und in Ihrer Wahl.

Dieser Ratgeber soll keinesfalls dazu animieren, auf den Besuch eines Arztes oder Therapeuten zu verzichten.

Ihre Marija Keller

1. Kapitel

Steine sind beseelte Wesen

Steine wie auch andere feste Materie sind nichts anderes als extrem verdichtete langsame Schwingung, so sehr, dass sie wortwörtlich greifbar wird. Gedanken und Gefühle sind vergleichsweise sehr leichte, schnell schwingende Elemente, wir können denken und fühlen, die Gedanken und Gefühle jedoch nicht anfassen. Gegenstände sind also durchaus nicht leblos, zumal sie weitere Schwingungen in Form von Beseeltheit in sich aufnehmen können. Die zuvor benannten Gedanken und Gefühle können sich, in vermehrter und intensiver Form angewandt, durchaus u. a. an Gegenständen anheften.

Vielleicht kennen Sie es, dass Sie ein Bild oder einen Stuhl aus zweiter Hand erwerben und sich dies irgendwie unangenehm, schlecht oder schwer anfühlt. Gewisse Energien verflüchtigen sich durch auslüften, doch kann es auch passieren, dass sich verdichtete gedankliche oder gefühlsmässige negative Energien des Vorbesitzers wie Teer auf den Gegenstand geheftet haben und nur mit einer energetischen Reinigung entfernt werden können. Doch ich möchte nicht zu sehr vom Thema abschweifen, zurück zu den Steinen.

In der Natur gibt es nichts, was nicht beseelt wäre. Blumenfeen sind die *„Seele"* der Blumen, die sogenannten Devas die *„Seele"* der Bäume, Wassergeister die *„Seele"* von Gewässern und Steinwesen die *„Seele"* der Steine. Damit ein Heilstein *„funktionieren"* kann, braucht es eine respektvolle, dankbare, achtsame und wertschätzende sowie bittende Kontaktaufnahme zum Steinwesen. Es ist nicht notwendig, hellsichtig, hellfühlig oder ähnlich zu sein, um Kontakt aufnehmen zu können. Jeder Mensch, der bereit ist, mit dem angemessenen Bewusstsein an die ganze Angelegenheit heranzutreten, kann dies vollführen. Alles ist mit allem energetisch verbunden, Trennung ist nur eine Illusion. Das bedeutet, dass das Steinwesen Ihre Absichten erkennt, Ihre innere Haltung, Ihr Bemühen. Dies reicht völlig aus. Im 3. Kapitel werde ich Ihnen ein Channeling (Durchsage) eines überkonfessionellen universell gültigen Gebets zur Verfügung stellen. Wenn Sie dieses aus tiefstem Herzen und mit reinen Absichten laut aussprechen, laden Sie das betreffende Steinwesen/die betreffenden Steinwesen dazu ein, Ihnen im Sinne des höchsten Wohls aller Beteiligten zu dienen. Die Steinwesen schwingen im Bewusstsein des universalen Dienstes und sind nicht bereit, dem sogenannten *„Ego"* des Menschen zu dienen. Das Ego will oft etwas anderes als unser *„Selbst"* und dies ist nicht immer das Beste oder Bestmögliche, was uns zustehen würde, wenn wir uns nur dafür öffnen würden.

Das Ego ist ein wichtiger Teil unseres Systems, wobei die Betonung auf *„Teil"* liegt. Es sollte uns nicht beherrschen oder durch das Leben führen, weil es ein begrenztes Bewusstsein hat. Das Ego bewusst in sein System einzureihen, unterzuordnen, liebevoll an seinem ihm zugestandenen wichtigen Platz zu leben, jedoch einem höheren, weiseren Selbst die Führung für unser Leben anzuvertrauen, vermag den Alltag in eine ganz andere Richtung zu lenken.

Die Steine orientieren sich immer am Selbst, nie am Ego. Dies ist wichtig zu wissen. Wenn Sie das zuvor erwähnte Gebet aus tiefstem Herzen und in reiner Absicht sprechen, klingt Ihr *„Selbst"* von selbst aus Ihrem Mund.

2. Kapitel

Möglichkeiten und Grenzen der Arbeit mit Heilsteinen

Stellen Sie sich vor, Ihr Auto ist kaputt. Würden Sie es von Ihrem Kleinkind reparieren lassen? Vielleicht reparieren Sie es selbst, wenn Sie über das nötige Wissen, Geschick und Material verfügen? Vielleicht bringen Sie es aber auch in eine Werkstatt oder kommen sonst zu einem Automechaniker, der sich des Wagens annimmt? Ich wette, Sie haben noch niemals in Betracht gezogen, Ihre defekten Bremsscheiben von Ihrem vier Jahre alten Sohn auswechseln zu lassen. Warum ich provokativ dieses Beispiel nehme? Was dieses Beispiel mit Heilsteinen zu tun haben könnte, fragen Sie sich?

Ich versuche einen Vergleich zu finden, um Ihnen zu erklären, wie es mit den Möglichkeiten und Grenzen der Arbeit mit Heilsteinen aussieht. Im Vergleich mit dem kaputten Auto ist es so, dass Ihr Ego adäquat zum Kleinkind zu sehen ist. Glauben Sie mir, wenn Sie dem Vierjährigen von vorhin einen Schraubenzieher in die Hand drücken und ihn bitten würden, die Bremsscheiben zu wechseln, er würde sich sofort begeistert daran machen, Ihr Auto zu reparieren. Aber ob dies gut herauskommen würde?

Ohne mein jetziges Bewusstsein für die Heilsteine erging es mir auch so: ich liess (siehe Vorwort) mein Ego Heilsteine kaufen und vermeintlich in meinem Sinn wirken. Wie erwähnt gegen Warzen, bei Herzrasen etc. Im übertragenen Sinne habe ich das Kleinkind die Bremsscheiben wechseln lassen wollen und es hat natürlich nicht funktioniert. Als Erwachsene wäre es mir auch nicht gelungen, die Bremsscheiben zu wechseln, weil ich keine Ahnung von Autos und deren Reparatur habe. Ich wäre heute jemand, der logischerweise eine Werkstatt aufsucht und den Automechaniker walten lässt. Dies ist eine Einladung an Sie, dies auch so zu tun: überlassen Sie nicht dem Kleinkind den Umgang mit Heilsteinen, sondern bestenfalls dem Automechaniker. Im übertragenen Sinn ist es eine höhere, weise Kraft. Was es damit auf sich hat, wie es mit dem Ego, dem Wünschen und Wollen sowie dem Seelenplan aussieht, können Sie im folgenden Kapitel lesen. Die richtige innere Haltung und Mentalität im Umgang mit Heilsteinen ist wichtig, damit diese im Sinne des höchsten Wohls aller Beteiligten arbeiten können. Sie wirken niemals für das Ego und halten sich an den Seelenplan des Menschen: wenn es nicht sein soll, warum auch immer, geschieht keine Heilung.

Vielleicht braucht es zuvor auch Erkenntnisse, bisweilen in Zusammenhang mit Auflösung von Themen, die eine Verknüpfung zum physischen Körper haben. Da gilt es ursächlich anstatt symptomal zu arbeiten.

3. Kapitel

Universale Aktivierung der Heilsteine

Nachfolgend finden Sie das bereits erwähnte Channeling des Gebets zur universalen Aktivierung der Heilsteine. Da es ein überkonfessionelles Gebet ist, wird der möglichst neutrale Begriff des höchsten Lichts gewählt, der Quelle, der Urkraft, des Urbewusstseins, aus dem alles entstanden ist. Der Schutzengel existiert erfahrungsgemäss genauso für jede Person, egal welcher Nation oder Religion er oder sie angehört und wird daher auch so benannt.

Sprechen Sie dieses Gebet wirklich von Herzen und in einem besonderen ruhigen Moment fernab von Alltagsstress und Hektik. Bitte sorgen Sie dafür, dass Sie für diesen Moment nicht gestört werden und bringen Sie sich bei Bedarf durch spezielle Atmung, wenn es hilft auch beruhigender Musik, in eine Stimmung, in der Sie gesammelt bei sich sind. Konzentrieren Sie sich in Ihrem Bewusstsein darauf, dass Ihre beiden Füsse parallel und mit gutem Bodenkontakt mit der Erde verbunden sind, allenfalls in Socken oder barfuss. Gleichzeitig stellen Sie sich einen lichtvollen Fächer vor, der Sie über Ihrem Kopf mit dem Himmel, dem Lichtbereich, verbindet. Erst, wenn Sie beides spüren, Erdung und Verbindung nach oben, sprechen Sie das Gebet. Schön und wirkungsvoll ist es, wenn Sie diesem Vorgehen noch einen rituellen Charakter geben, indem Sie eine Kerze anzünden oder Ihren Lieblingsduft in eine Duftlampe geben. Alles, was Sie dabei unterstützt, in die Ruhe, Sammlung und eine gewisse Feierlichkeit zu finden, ist willkommen. Da sind Ihrer Kreativität keine Grenzen gesetzt. Der Begriff der Feierlichkeit soll ausdrücken, dass Ihnen bewusst ist, dass Sie jetzt einen ganz gezielt besonderen Moment zur Aktivierung Ihres Heilsteines/Ihrer Heilsteine erschaffen haben.

Falls Sie sich betreffend Wirkungsdauer fragen, so arbeitet der Heilstein im Sinne des höchsten Wohls für alle Beteiligten in dem Bereich/den Bereichen so lange, wie es das von Ihnen benannte Anliegen bzw. bei Therapeuten die benannte(n) Sitzung(en) betrifft. Zudem findet die Wirkung im Rahmen des Seelenplans der betroffenen Person(en) statt. Ich erinnere nochmals daran, dass sich die Heilsteine nicht nach unserem Ego und unseren Wünschen richten, sondern nach unserem höheren Selbst. Deaktivieren müssen Sie den Stein also nicht, nach getaner Arbeit ruht er von selbst wieder. Es empfiehlt sich, die Steine nach der Arbeit immer zu reinigen – wie dies bei den einzelnen Steinen vonstattengehen soll, finden Sie wie bereits erwähnt in vorhandener gängiger Literatur über Heilsteine.

Die Bitte um Führung und Schutz in dem Gebet setzt einen für Sie wichtigen geschützten energetischen Rahmen. Dies empfiehlt sich nicht nur bei Privatpersonen, sondern auch bei Therapeuten allgemein, auch in anderen Wirkungsfeldern als denen der Heilsteinarbeit. Es empfiehlt sich ebenfalls das Bewusstsein darüber, dass alles im Sinne des höchsten Wohls für alle Beteiligten geschehen möge. So gehen Sie in die Verantwortung und vermeiden, dass Ihnen Ihr Ego einen Streich spielt, dass Mängel bzw. Fehler oder sogar Schaden wie auch Wirkungslosigkeit im Umgang mit der Aktivierung der Heilsteine oder anderer Belange entstehen.

Die respektvolle und anerkennende innere Haltung gegenüber den Steinwesen ist entscheidend dafür, ob diese Sie *„erhören"*. Sie treten so als dankbarer Bittsteller bzw. dankbare Bittstellerin an und nicht als Befehlshaber(in)!

Indem Sie offen dafür sind, dass auch etwas Besseres geschehen möge, als Ihnen in dem Moment vielleicht bewusst ist, dienen Sie sich mehr, als wenn Sie sich durch egobasierte Gedanken und Intentionen selbst begrenzen und einschränken.

Von Herzen wünsche ich Ihnen nun ein gutes Gelingen in Ihren Belangen!

Viel Freude und Erfolg mit dem **universalen Gebet zur Aktivierung der Heilsteine**, welches Sie auf der nächsten Seite vorfinden.

„Höchstes Licht, geliebter Schutzengel, ich bitte und danke um Führung und Schutz,

alles geschieht jetzt im Sinne des höchsten Wohls für alle Beteiligten.

Voller Dankbarkeit, Demut, Respekt und Wertschätzung grüsse ich dich, kostbares Wesen des ... (hier den Seelennamen des Heilsteines sprechen)

und bitte dich von Herzen um dein Wirken und deinen Segen auf allen Ebenen, durch alle Zeiten, Räume und Körper für ... (hier sprechen Sie den/die Namen der Betreffenden und Ihr Anliegen aus).

Dies oder etwas Besseres möge geschehen, gemäss Seelenplan und den universellen kosmischen Gesetzen.

Danke von Herzen und von meiner Seele.

Es geschehe JETZT!"

4. Kapitel

Die Seelennamen der Heilsteine

Nachfolgend finden Sie die Seelennamen der Heilsteine in alphabetischer Reihenfolge ihrer üblichen Bezeichnung. In Klammern finden Sie Hinweise für die Aussprache und Betonung.

Falls Sie sich betreffend Aussprache Sorgen machen, dass die falsche Betonung eine Wirkungslosigkeit bedeuten könnte, darf ich Sie beruhigen: der Stein weiss, dass Sie ihn meinen. Wichtiger ist, dass er Ihre Absicht und Ihren Respekt, Ihre Herzenergie spürt, das ist entscheidend, mit der richtigen *„Mentalität"* an die Sache heranzutreten.

Dieses Wissen haben mir die Heilsteine übermittelt und es darf als kostbare Ergänzung zu bereits bestehenden Informationen aus anderen Büchern der Steinkunde gesehen werden, die sich zu Entstehung, Mineralogie, Mythologie, Heilkunde auf verschiedenen Ebenen (körperlich, emotional, mental u. ä.) sowie Anwendung usw. äussern.

Abalone Paua Muschel
Seelenname: Pithu'
(gesprochen Pi-tuu, Betonung auf „u")

Achat rot
Seelenname: Amaan
(gesprochen A-mahn, Betonung auf zweitem „a")

Achat weiss
Seelenname: Sidduh-Ba
(gesprochen Siddu-Ba, Betonung auf „i" und „a")

Aktinolith-Quarz
Seelenname: Orgon-On
(gesprochen Orgon-On, Betonung jeweils auf die ersten „o")

Alunit
Seelenname: Minanmah
(gesprochen Minanmaa, Betonung auf letztem „a")

Amazonit
Seelenname: Surdell
(gesprochen Surdellll, Betonung auf „l")

Amethyst
Seelenname: **Anan-Man**
(gesprochen Annan-Man, Betonung auf erstem „a" im ersten Wort und „a" im zweiten Wort)

Amethyst (Chevron)
Seelenname: **Siu**
(gesprochen Siu, Betonung auf „i")

Ametrin
Seelenname: **Nolimarrh**
(gesprochen Nolimarr, Betonung auf „r")

Andenopal azur
Seelenname: **Vesio-Zuhn**
(gesprochen Wesi-o-Zunn, Betonung auf „e" und „u")

Andenopal pink
Seelenname: **Vesio-Parrh**
(gesprochen Wesi-o-Parr, Betonung auf „e" und „a")

Andenopal weiss
Seelenname: **Vesio-Tith**
(gesprochen Wesi-o-Tiiit, Betonung auf „e" und „i")

Antimonit
Seelenname: **Ruo**
(gesprochen Ruo, Betonung auf „u")

Apachentränen-Obsidian
Seelenname: **Garh**
(gesprochen Garr, Betonung auf „a")

Apatit
Seelenname: **Meno**
(gesprochen Meno, Betonung auf „e")

Apophyllith
Seelenname: **Sirdit-It**
(gesprochen Sirdit-It, Betonung jeweils aufs erste „i")

Aprico-Achat
Seelenname: **Woulan**
(gesprochen Wulan, Betonung auf „u")

Aquamarin
Seelenname: **Opono-Mahn**
(gesprochen Opono-Maan, Betonung auf erstem „o" und auf „a")

Aragonit
Seelenname: **Alsmas-Dhan**
(gesprochen Als-mass-Dann, Betonung auf jedem „a")

Augen-Achat (=Kugel-Rhyolith)
Seelenname: **Roui**
(gesprochen Ruui, Betonung auf „u")

Aventurin grün
Seelenname: **Siddomah**
(gesprochen Siddomaa, erste Betonung auf „o", zweite Betonung auf „a")

Aventurin orange
Seelenname: **Sindaddah**
(gesprochen Sindada, Betonung auf dem ersten „a")

Aventurin rot
Seelenname: **Sinnouih**
(gesprochen Sinnui, Betonung auf „u")

Azurit
Seelenname: **Ridoh**
(gesprochen Riddo, Betonung auf „i")

Azurit-Malachit
Seelenname: **Randhan**
(gesprochen Randann, Betonung auf dem zweiten „a")

Baryt
Seelenname: **Aspaaahst**
(gesprochen Ass-Paaast, Betonung auf erstem „s" und zweitem „a")

Baumachat
Seelenname: **Sodinho**
(gesprochen Sodinho, Betonung auf „i")

Bergkristall
Seelenname: **Varaanh-Anh**
(gesprochen Waraaan-An, Betonung auf zweitem „a" im ersten Wort und „a" in der zweiten Silbenkombination)

Bernstein
Seelenname: **Sopri**
(Soopri, Betonung auf „o")

Beryll
Seelenname: **Midah**
(gesprochen Miiida, Betonung auf „i")

Biotit-Linse
Seelenname: **Suth**
(gesprochen Sutt, Betonung auf „u")

Blauquarz
Seelenname: **Ananh-Manh-San**
(gesprochen Anaaan-Man-San, Betonung auf zweitem „a" im ersten Wort und alle weiteren „a")

Blutchalcedon
Seelenname: **Pirini**
(gesprochen Pirini, gleichmässige Betonung der Vokale)

Blüten-Porphyr
Seelenname: **Jough**
(gesprochen Jugg, Betonung auf „u")

Bojis
Seelenname: **Sirnimoan**
(gesprochen Sirnimoaaan, Betonung auf „a")

Botswana-Achat pink
Seelenname: **Rara**
(gesprochen Rara, Betonung auf erstem „a")

Botswana-Achat
Seelenname: **Pui**
(gesprochen Pui, Betonung auf „u")

Brasilianit
Seelenname: **Riromah**
(gesprochen Riromaaa, Betonung auf „a")

Bronzit
Seelenname: **Mundu-Suannh**
(gesprochen Mundu-Suann, Betonung auf erstem „u" im ersten Wort und „a" im zweiten Wort)

Calcit blau
Seelenname: **Path**
(gesprochen Patt, Betonung auf „a")

Calcit grün
Seelenname: **Rath**
(gesprochen Ratt, Betonung auf „a")

Calcit gelb
Seelenname: **Sath**
(gesprochen Satt, Betonung auf „a")

Calcit honigfarben
Seelenname: **Bath**
(gesprochen Batt, Betonung auf „a")

Calcit orange
Seelenname: **Tath**
(gesprochen Tatt, Betonung auf „a")

Calcit rosa
Seelenname: **Strath**
(gesprochen Schtratt, Betonung auf „a")

Calcit rot
Seelenname: **Ath**
(gesprochen Att, Betonung auf „a")

Calcit weiss
Seelenname: **Math**
(gesprochen Matt, Betonung auf „a")

Cappuchino-Jaspis
Seelenname: **Loiwoi**
(gesprochen Leuweu, Betonung auf erstem „eu")

Carneol
Seelenname: **Guth**
(gesprochen Gutt, Betonung auf „u")

Chalcedon blau
Seelenname: **Lan-Ri-Marh**
(gesprochen Lann-Ri-Marr, Betonung auf beide „a")

Chalcedon Orange-River
Seelenname: **O-Sio-Puih**
(gesprochen Oh-Sio-Pui, Betonung auf erstem „o" und „u")

Chalcedon rosa
Seelenname: **Anaanh-Manh-Anh**
(gesprochen Anaaan-Mann-Ann, Betonung auf zweitem „a" im ersten Wort, „a" im zweiten Wort und „a" im dritten Wort)

Chalcedon rot
Seelenname: **Waranh-Manh-Anh**
(gesprochen Waran-Mann-Ann, Betonung auf erstem „a" im ersten Wort, „a" im zweiten Wort und „a" im dritten Wort)

Chalkopyrit
Seelenname: **Brindabaah**
(gesprochen Brindabaa, Betonung auf letztem „a")

Chalkopyrit-Nephrit
Seelenname: **Sou-Si**
(gesprochen Su-Si, Betonung auf „i")

Charoit
Seelenname: **Brandanbaanh-Nanh**
(gesprochen Brandanban-Nan, Betonung aufs je erste „a" im Wort)

Chiastolith
Seelenname: **Rorimasch-Hh**
(gesprochen Rorimasch-H, Betonung auf „o" und „a", letztes „H" klingt aus)

Chile-Lapis
Seelenname: **Sinindri**
(gesprochen Sinindri, Betonung auf zweitem „i")

Chrom-Chalcedon
Seelenname: **Usiuu**
(gesprochen Usiuu, Betonung auf zweitem „u")

Chromdiopsid
Seelenname: **Nantasch**
(gesprochen Nantasch, Betonung auf zweitem „a")

Chrysanthemenstein
Seelenname: **Grarrgarr**
(gesprochen Grarrgarr, Betonung auf erstem „a")

Chrysoberyll
Seelenname: **Sith-I-Tith-Ou**
(gesprochen Sit-I-Tit-U, Betonung auf „i" im ersten Wort und „i" im Tith)

Chrysokoll
Seelenname: **Wou-D-Anou**
(gesprochen Wuu-D-Anuu, Betonung liegt auf beiden „u")

Chrysopras
Seelenname: **Tsath**
(gesprochen Tschatt, Betonung auf „a")

Chytha Serpentin
Seelenname: **Roulou**
(gesprochen Ruulu, Betonung auf erstem „u")

Citrin
Seelenname: **Ajmabahn**
(gesprochen Ajmabaan, Betonung auf letztem „a")

Coelestin
Seelenname: **Bidaahn**
(gesprochen Biddaan, Betonung auf „a", das „d" wird hart ausgesprochen)

Crazy Lace Achat
Seelenname: **Sotoh**
(gesprochen Soo-Too, Betonung auf beiden „o")

Dalmatiner Stein
Seelenname: **Rindimni**
(gesprochen Rindimni, Betonung auf erstem „i")

Danburit
Seelenname: **Oooh**
(gesprochen Ooo, Betonung auf erstem „o")

Dendriten-Achat
Seelenname: **Soi-Di-Lih-M**
(gesprochen Soi-Di-Lii-M, Betonung auf „oi" und „i" bei Lii, das „M" wird abgehakt ausgesprochen drangehängt)

Dendriten-Chalcedon
Seelenname: **Roi-Di-Mih-P**
(gesprochen Roi-Di-Mii-P, Betonung auf „oi" und „i" bei Mii, das „P" wird abgehakt ausgesprochen drangehängt)

Dendriten-Opal
Seelenname: **Loi-Di-Zih-S**
(gesprochen Loi-Di-Zii-S, Betonung auf „oi" und „i" im Sii, wobei „Z" als weiches „s" gesprochen wird, das einzelne letzte „S" wird abgehakt ausgesprochen drangehängt)

Diamant
Seelenname: **Noohnoh**
(gesprochen Noo-Noo, Betonung auf erstem „o")

Dioptas
Seelenname: **Weih**
(gesprochen Wei, Aussprache des ei mit „e" und „i", NICHT „ai"!!!)

Disthen/Cyanit
Seelenname: **Zo**
(gesprochen Sso, das „z" wird also weich gesprochen)

Dolomit gebändert
Seelenname: **Mui-Pu-Yang**
(gesprochen Mui-Pu-Jan, Betonung auf erstem „u" und „a")

Dolomit weiss
Seelenname: **Mui-Pu-Rah**
(gesprochen Mui-Pu-Raa, Betonung auf erstem „u" und „a")

Dr. Liesegang Stein
Seelenname: **Nah-Bah**

(gesprochen Naa-Baa, Betonung auf beiden „a")

Dumortierit
Seelenname: **Kitch**

(gesprochen Kich, Betonung auf „i", das „t" wird nicht ausgesprochen)

Eilatstein
Seelenname: **Roiroi**

(gesprochen Reureu, Betonung auf erstem „eu")

Eisenerz
Seelenname: **Mitoupih**

(gesprochen Mituppi, Betonung auf „u")

Eisen-Jaspis
Seelenname: **Rohm-Do**

(gesprochen Room-Do, Betonung auf erstem „o")

Eisenmeteorit
Seelenname: **Du**

(gesprochen Du, Betonung auf „u", das „d" wird hart ausgesprochen)

Eklogit
Seelenname: **Nohrimohr**
(gesprochen Norimor, Betonung auf beiden „o")

Elfenbein-Jaspis
Seelenname: **Buoaa-Ronn**
(gesprochen Bu-o-aa-Ronn, Betonung auf „a" und „n")

Epidot
Seelenname: **Sirdinlih**
(gesprochen Sirdinnlii, Betonung auf zweitem und letztem „i")

Erdbeerquarz
Seelenname: **Ma-ieh-Liynn**
(gesprochen Ma-ii-Linn, Betonung auf beiden „i")

Eudialyt
Seelenname: **Rough**
(gesprochen Ru, Betonung auf „u")

Falkenauge
Seelenname: **No-Donn**
(gesprochen No-Donn, Betonung auf zweitem „o")

Feuerachat
Seelenname: **Brindisi**
(gesprochen Brindisi, Betonung auf erstem „i")

Feueropal
Seelenname: **Rou-Yett**
(gesprochen Ru-Jet, Betonung auf „e")

Flamm-Achat
Seelenname: **Loh-Non**
(gesprochen Lo-Nonn, Betonung auf zweitem „o")

Fleisch-Achat
Seelenname: **Manm**
(gesprochen Mamm, Betonung auf „a")

Flint (grau)
Seelenname: **Jehmehdeh**
(gesprochen Jemede, Betonung auf erstem „e")

Flint (bunt)
Seelenname: **Mobaschthi**
(gesprochen Mobaschti, Betonung auf „a")

Fluorit (Regenbogen)
Seelenname: **Gehek**
(gesprochen Ge-hk, Betonung auf erstem „e", das zweite „e" wird nicht ausgesprochen)

Fluorit türkisblau
Seelenname: **Nohn**
(gesprochen Noon, Betonung auf „o")

Fluorit braun
Seelenname: **Joh-N**
(gesprochen Joon, Betonung auf „o")

Fluorit-Opal
Seelenname: **Soh-Ihn**
(gesprochen So-inn, Betonung auf „i")

Gabbro
Seelenname: **Doth**
(gesprochen Dott, Betonung auf „o")

Gagat
Seelenname: **Rath-Ah-Nahn**
(gesprochen Rat-Aa-Naan, Betonung auf allen „a" ausser dem ersten „a")

Galaxyit
Seelenname: **Jeh-neh**
(gesprochen Jee-ne, Betonung auf erstem „e")

Gem Silica Chrysokoll
Seelenname: **Ah-Lah-Nah**
(gesprochen Ah-Lah-Nah, Betonung auf allen „a")

Girasol (Quarz)
Seelenname: **Suih-Mirnh**
(gesprochen Su-i-mirr-n, Betonung auf letztem „i")

Goldstone (Pyritquarz)
Seelenname: **Onah-Mah**
(gesprochen Onah-Mah, Betonung auf „o" und letztem „a")

Granat
Seelenname: **Liu-Mi-Puih**
(gesprochen Liu-Mi-Pui, Betonung auf erstem „u", zweitem „i" und letztem „u")

Granat in Matrix
Seelenname: **Sardh**
(gesprochen Sard, Betonung auf „a")

Grossular
Seelenname: **Wah-lah**
(gesprochen Wah-la, Betonung auf erstem „a")

Hämatit
Seelenname: **Naddinh**
(gesprochen Na-Dinn, Betonung auf „i")

Hämatitquarz rot
Seelenname: **Jou-Lo-Ardh**
(gesprochen Ju-Lo-Aard, Betonung auf „u" und „a")

Hämatitquarz silber
Seelenname: **Sigh-lo-Ardh**
(gesprochen Sigg-Lo-Aard, Betonung auf „i" und „a")

Heliodor
Seelenname: **Mohnn**
(gesprochen Monn, Betonung auf „o", abgehakt ausgesprochenes „o")

Heliotrop
Seelenname: **Wuhndriht**
(gesprochen Wunn-Dritt, Betonung auf „u" und „i")

Hessonit
Seelenname: **La-Danh-Ha**
(gesprochen La-Dann-Ha, Betonung auf zweitem „a")

Hiddenit
Seelenname: **Sou-Minh**
(gesprochen Su-Minn, Betonung auf „i")

Hypersthen
Seelenname: **Lah-Nann**
(gesprochen La-Nann, Betonung auf zweitem „a")

Iolith/Cordierit
Seelenname: **Zouhm**
(gesprochen Zumm, Betonung auf „u", „Z" wird weich ausgesprochen)

Ivoryit (Dolomit)
Seelenname: **Nanh**
(gesprochen Nann, Betonung auf „a")

Jade British-Columbien
Seelenname: **Sah-Rath**
(gesprochen Sa-Ratt, Betonung auf zweitem „a")

Jade/Nephrit
Seelenname: **Lo-Ih-Wo-Ih-Nn**
(gesprochen Lo-I-Woi-N, Betonung auf beiden „o" und „n")

Jade schwarz
Seelenname: **Nooh-Ni-Maij**
(gesprochen Noo-Ni-Mai, Betonung auf „o" und „a")

Jadeit grün
Seelenname: **Sardh-Sa-wah**
(gesprochen Sard-Sa-Wa, Betonung auf zweitem „a")

Jaspis bunt
Seelenname: **Mih-Loh-Wah**
(gesprochen Mi-Lo-Wa, Betonung auf „o")

Jaspis gelb
Seelenname: **Neh-Midh-Wah**
(gesprochen Ne-Midd-Wa, Betonung auf „i")

Jaspis rot
Seelenname: **Rih-Donh-Wah**
(gesprochen Ri-Donn-Wa, Betonung auf „o")

Jaspis rot-braun
Seelenname: **Sah-Danh-Wah**
(gesprochen Sa-Dann-Wa, Betonung auf zweitem „a")

Kakoxenit
Seelenname: **Ru-Dinh**
(gesprochen Rudinn, Betonung auf „i")

Kalahari Picture Stone
Seelenname: **Klou**
(gesprochen Klu, Betonung auf „u")

Kieseltuff
Seelenname: **Moih-Moih**
(gesprochen Moi-Moi, Betonung auf erstem „o")

Kimberlit
Seelenname: **Zaaath**
(gesprochen Zaat, Betonung auf „a", „Z" wird weich ausgesprochen)

Kunzit
Seelenname: **Miamarrh-Ra-Saath**
(gesprochen Miamarr-Ra-Saat, Betonung auf zweitem und letztem „a")

Kupfer
Seelenname: **Lith**
(gesprochen Litt, Betonung auf „i")

Kupfer-Chalcedon
Seelenname: **Soon-Don-Don**
(gesprochen Sooon-Dondon, Betonung auf erstem „o")

Labradorit
Seelenname: **Mesch-Meh-Denih-Wa**
(gesprochen Mesch-Me-Deni-Wa, Betonung auf erstem und drittem „e")

Lapislazuli
Seelenname: **Roohrr**
(gesprochen Roorr, Betonung auf „o" und letztem „r")

Larimar
Seelenname: **Djann**
(gesprochen Djann, Betonung auf „a")

Lasurit
Seelenname: **Wrirrw**
(gesprochen Wrirrw, Betonung auf „i")

Lavendel-Jade
Seelenname: **Jos-As-Na**
(gesprochen Jos-As-Na, Betonung auf erstem „a")

Leopardenfell-Jaspis
Seelenname: **Krann**
(gesprochen Krann, Betonung auf „a")

Lepidolith
Seelenname: **Surrh**
(gesprochen Surr, Betonung auf „u")

Magnesit
Seelenname: **Jehwreh**
(gesprochen Jeewre, Betonung auf erstem „e")

Magnetit
Seelenname: **Suh-Li-Mah**
(gesprochen Suu-Li-Maa, Betonung auf „u" und „a")

Mahagoni-Obsidian
Seelenname: **Ra-Ouh-Ih**
(gesprochen Ra-uu-ii, Betonung auf „u")

Malachit
Seelenname: **Nath**
(gesprochen Natt, Betonung auf „a")

Markasit
Seelenname: **Wannh**
(gesprochen Wann, Betonung auf „a")

Marmor
Seelenname: **Dardh**
(gesprochen Dard, Betonung auf „a")

Milchopal
Seelenname: **Wouchsh**
(gesprochen Wuchsch, Betonung auf „u")

Milchquarz
Seelenname: **Njann**
(gesprochen Njann, Betonung auf „a")

Moldavit
Seelenname: **Wirrhoh**
(gesprochen Wirroh, Betonung auf „i")

Mondstein
Seelenname: **Jess**
(gesprochen Jess, Betonung auf „e")

Mookait
Seelenname: **La-Ouhn**
(gesprochen La-Uhn, Betonung auf „u")

Moosachat
Seelenname: **Righ**
(gesprochen Rigg, Betonung auf „i")

Moqui Marbles
Seelenname: **La-Ounah**
(gesprochen La-una, Betonung auf „u")

Morganit
Seelenname: **Jeh-Beh**
(gesprochen Je-Bee, Betonung auf zweitem „e")

Nephrit
Seelenname: **Sodi-Louh**
(gesprochen Soddi-Loo, Betonung auf beiden „o")

Obsidian
Seelenname: **Lohnch**
(gesprochen Lonch, Betonung auf „o")

Onyx
Seelenname: **Dipri-Dierieh**
(gesprochen Dipridierri, Betonung auf erstem und letztem „i")

Onyx-Marmor
Seelenname: **Rah-Houl**
(gesprochen Raa-Hull, Betonung auf „u")

Opal/Chrysopal
Seelenname: **Moihn-Ihn**
(gesprochen Moiin-In, Betonung auf beiden „i")

Opal in Matrix
Seelenname: **Ruhs-T-Rdh**
(gesprochen Ruhs-T-R, Betonung auf „u" und letztem „R")

Opal-Holz
Seelenname: **Maj-Nann**
(gesprochen Maj-Nann, Betonung auf zweitem „a")

Opal pink
Seelenname: **Joindrah**
(gesprochen Joinndrah, Betonung auf „i")

Opalith
Seelenname: **Sejoh-Doh**
(gesprochen Sejoh-Doh, Betonung auf beiden „o")

Orthoklas
Seelenname: **Ra-Inn-Moun**
(gesprochen Ra-Inn-Munn, Betonung auf „i" und „u")

Palmholz versteinert
Seelenname: **Wa-Ouh-Dadendrihn**
(gesprochen Wa-Uu-Dadendrinn, Betonung auf beiden „a" und „u")

Peanut Wood
Seelenname: **Rouhss**
(gesprochen Ruhs, Betonung auf „u")

Peridot/Olivin/Chrysolith
Seelenname: **Jaah-Mah**
(gesprochen Jaa-Ma, Betonung auf erstem „a")

Peruan Jade (Lizardid)
Seelenname: **Thronn-Nomn**
(gesprochen Tron-Non, Betonung auf beiden „o", „m" wird nicht ausgesprochen)

Petalith
Seelenname: **Inouih-Nouh**
(gesprochen Inui-Nu, Betonung auf beiden „u")

Phantomquarz
Seelenname: **Strahtt-Lah**
(gesprochen Schtratt-La, Betonung auf erstem „a")

Picasso-Marmor
Seelenname: **Louh-Dounn-Wouh**
(gesprochen Lu-Dunn-Wu, Betonung auf zweitem „u")

Pietersit
Seelenname: **Roih-Ihnn-Nouih**
(gesprochen Roi-In-Nui, Betonung auf erstem „o" und „u")

Pop-Jaspis
Seelenname: **Jahkahn-Zahnn**
(gesprochen Jakan-Zann, Betonung auf erstem und letztem „a")

Porzellanit, Augen-
Seelenname: **Lambdahn**
(gesprochen Lambdaan, Betonung auf letztem „a")

Porzellanit, Landschaft-
Seelenname: **Trambsahn**
(gesprochen Trambsaan, Betonung auf letztem „a")

Prasem
Seelenname: **Ough-Igh-Nouih**
(gesprochen Ooh-Ih-Nui, Betonung auf erstem „o" und letztem „u")

Prehnit
Seelenname: **Wrahs-Wran**
(gesprochen Wrass-Wrann, Betonung auf beiden „a")

Printstone
Seelenname: **Nohtrt**
(gesprochen Noht, Betonung auf „o")

Pyrit
Seelenname: **Waouhn-Dunn**
(gesprochen Wa-un-Dun, Betonung auf „a" und letztem „u")

Quarz mit Eiseneinschlüssen
Seelenname: **Laih-Sith**
(gesprochen Lai-Sitt, Betonung auf letztem „i")

Quarz mit grünem Turmalin
Seelenname: **Laih-Dorh**
(gesprochen Lai-Dorr, Betonung auf „o")

Quarz-Katzenauge
Seelenname: **Laih-Nuhr**
(gesprochen Lai-Nur, Betonung auf „u")

Rauchquarz
Seelenname: **Laih-Eh-Marh**
(gesprochen Lai-Eh-Marr, Betonung auf beiden „a")

Regenbogen-Mondstein
Seelenname: **Tjahn-Than**
(gesprochen Tjann-Tann, Betonung auf beiden „a")

Regenbogen-Obsidian
Seelenname: **Laih-Nn-Dahr**
(gesprochen La-Ih-N-Darr, Betonung auf beiden „a")

Rhodochrosit
Seelenname: **Mahnjmjasihn**
(gesprochen Ma-Hn-Mjasinn, Betonung auf beiden „a")

Rhodonit
Seelenname: **Rhoi-Dohr**
(gesprochen Roi-Door, Betonung auf beiden „o")

Rhyolith
Seelenname: **Mahn-Mahr-Dahr**
(gesprochen Mann-Marr-Darr, Betonung auf allen „a")

Rosenchalcedon
Seelenname: **Jaihm**
(gesprochen Jaim, Betonung auf „a")

Rosenquarz
Seelenname: **Sitouh-Nouh**
(gesprochen Sittu-Nu, Betonung auf erstem „u")

Rubin
Seelenname: **Wahuouhlinth**
(gesprochen Wa-Huh-Linth, Betonung auf „a" und „i")

Rubin-Zoisit
Seelenname: **Njenn**
(gesprochen Njenn, Betonung auf „e")

Rutilquarz
Seelenname: **Sohnh-Onh**
(gesprochen Sonnonn, Betonung auf erstem „o")

Saphir
Seelenname: **Jahmz**
(gesprochen Jamz, Betonung auf „a")

Sarder
Seelenname: **Dehllz**
(gesprochen Dellz, Betonung auf „e")

Sardonyx
Seelenname: **Nohl-Ih-Mouhr**
(gesprochen Nool-I-Muur, Betonung auf erstem „o" und „u")

Schalenblende
Seelenname: **Weihr-Setzz**
(gesprochen We-ir-Setz, Betonung auf beiden „e")

Schlangenjaspis (Fossil)
Seelenname: **Nouhm**
(gesprochen Nuum, Betonung auf „u")

Schneeflocken-Epidot
Seelenname: **Oih-Sirdinlih**
(gesprochen: Oih- Sirdinlii, Betonung auf „o" sowie drittem und letztem „i")

Schneeflocken-Obsidian
Seelenname: **Saih-Nn-Dahr**
(gesprochen Saih-N-Darr, Betonung auf beiden „a")

Schneequarz
Seelenname: **Jeh**
(gesprochen Jee, Betonung auf „e")

Schwefelquarz
Seelenname: **Jomm**
(gesprochen Jomm, Betonung auf „o")

Selenit
Seelenname: **Dehrh**
(gesprochen Derr, Betonung auf „e")

Septarien
Seelenname: **Ja-Ouhm-Din-H**
(gesprochen Ja-Uum-Dinn, Betonung auf „u" und „i")

Serpentin
Seelenname: **Djalz**
(gesprochen Djalz, Betonung auf „a")

Silberauge
Seelenname: **Kohchh**
(gesprochen Koch, Betonung auf „o", letztes „h" wird nicht ausgesprochen)

Silberschein-Obsidian
Seelenname: **Mrhaih-Nn-Dahr**
(gesprochen Mra-ihn-Darr, Betonung auf beiden „a")

Smaragd
Seelenname: **Wouih-Nouh-Mm**
(gesprochen Wui-Nuum, Betonung auf beiden „u")

Smaragdquarz
Seelenname: **Njann-Ahn**
(gesprochen Njann-Ann, Betonung auf beide „a")

Sodalith
Seelenname: **Whrahm**
(gesprochen Wramm, Betonung auf „a")

Sonnenstein
Seelenname: **Jah-Mandah**
(gesprochen Ja-Mandaa, Betonung auf den ersten beiden „a")

Sternachat
Seelenname: **Mjaouhmih**
(gesprochen Mja-Ummi, Betonung auf „u")

Stromatolith
Seelenname: **Wrumm-Rr**
(gesprochen Wrumm-r, Betonung auf „u")

Sugilith
Seelenname: **Ah-Danah-Dah**
(gesprochen Aa-Danna-Daa, Betonung auf erstem, zweitem und letztem „a")

Tansanit
Seelenname: **Je-Ouih-Jah**
(gesprochen Je-Ui-Ja, Betonung auf „u")

Tektit
Seelenname: **Trah**
(gesprochen Traa, Betonung auf „a")

Thulit
Seelenname: **Mjo-Unmah-Rah**
(gesprochen Mjo-Unmaa-Raa, Betonung auf „u" und letztem „a")

Tigerauge
Seelenname: **Tragh**
(gesprochen Trag, Betonung auf „a")

Tigereisen
Seelenname: **Njeth**
(gesprochen Njett, Betonung auf „e")

Topas blau
Seelenname: **Souhr-Louh**
(gesprochen Surr-Luu, Betonung auf letztem „u")

Topas Imperial
Seelenname: **Souhr-Lahn**
(gesprochen Surr-Lann, Betonung auf „a")

Trümmer-Jaspis
Seelenname: **Beh-Dunh-Loh**
(gesprochen Be-Dunn-Lo, Betonung auf „u")

Turitella-Achat
Seelenname: **Jarakh-Twa**
(gesprochen Jarack-Twa, Betonung auf zweitem „a")

Türkis
Seelenname: **Nogondha**
(gesprochen Nogonnda, Betonung auf zweitem „o")

Turmalin grün
Seelenname: **Jaddz**
(gesprochen Jadds, Betonung auf „a")

Turmalin rot
Seelenname: **Manddz**
(gesprochen Mands, Betonung auf „a")

Turmalin schwarz
Seelenname: **Laddz**
(gesprochen Lads, Betonung auf „a")

Turmalin wassermelon
Seelenname: **Prahddz**
(gesprochen Prads, Betonung auf „a")

Turmalin-Katzenauge
Seelenname: **Wljaddz**
(gesprochen Wljads, Betonung auf „a")

Turmalinquarz
Seelenname: **Ouih**
(gesprochen O-U-I-H, Betonung jedes einzelnen Buchstabens)

Ulexit
Seelenname: **Njemolhj**
(gesprochen Njemollj, Betonung auf „o")

Variscit
Seelenname: **Trudtz**
(gesprochen Trudz, Betonung auf „u")

Verdith
Seelenname: **Jah-Lumimah**
(gesprochen Ja-Lummimaa, Betonung auf erstem „a", „u" und letztem „a")

Versteinertes Holz
Seelenname: **Trolh-Ouhm**
(gesprochen Trol-Uum, Betonung auf „u")

Vesuvianit
Seelenname: **Strabah-Nah**
(gesprochen Ssch-Traba-Naa, Betonung auf erstem und letztem „a")

Zebra-Achat
Seelenname: **Wohliwojnddz**
(gesprochen Wol-I-Wojnds, Betonung auf beiden „o")

Zebra-Marmor
Seelenname: **Grardh**
(gesprochen Grard, Betonung auf „a")

Zinnober
Seelenname: **Wehrondjah**
(gesprochen Weronndjaa, Betonung auf „o" und letztem „a")

Zirkon
Seelenname: **Stpuih**
(gesprochen Schtpui, Betonung auf „u")

Zitronen-Chrysopras (Gaspeit)
Seelenname: **Mnath**
(gesprochen M-Natt, Betonung auf „a")

Zoisit
Seelenname: **Ravnanh**
(gesprochen Raw-Nann, Betonung auf erstem „a")

5. Kapitel

Persönliche Botschaft der Steinwesen

Geliebte Menschenwesen, gern nutzen wir die Möglichkeit, ein paar Worte an euch zu richten. In Übereinstimmung mit allen anderen beseelten Wesen der Natur möchten wir euch mitteilen, dass wir eure Achtsamkeit, euren Respekt, eure Liebe brauchen – mehr denn je.

Viele von euch sehen uns als leblose Gegenstände an, als tote Materie und sogar die Pflanzen, die offensichtlich voller Leben sind, werden oft wie Dinge behandelt. Unsere *„Körper"* funktionieren nicht so wie eure, wir haben keinen Mund zum Reden, keine Beine zum Weglaufen – sonst hätten wir schon oft etwas direkt zu euch gesagt oder wären aus schlimmen Situationen davongelaufen. Wir sprechen anders, wir lassen unsere Botschaften in Form von feinstofflichen Energien, Impulsen und Bildern fliessen und wenn ihr lernt, achtsam und horchend in die Natur zu gehen und euer Herz zu öffnen, werden euch so manche Ideen, Impulse, Bilder und Botschaften von uns erreichen. Wir geben sehr viel, bedingungslos und freuen uns, wenn wir etwas zurückbekommen – denn das ist das Prinzip der Verbundenheit und der Augenhöhe.

Vor dem Schöpfer ist kein Wesen geringer oder höher, doch ihr erhebt euch gern einmal über die Schöpfung. Kehrt zurück zur Verbundenheit, Achtsamkeit und Liebe, auch untereinander. Lernt von unserer Hingabe, denn egal, wie sehr ihr einen Baum verstümmelt, er schlägt wieder aus und tut alles, um wieder zu leben und zu blühen, zu wachsen und zu gedeihen. Das ist bedingungslose Liebe und Hingabe.

Wir leben momentan im Zeitenwandel und im Bewusstseinswandel. Belächelt nicht weiter die Menschen, die mit Pflanzen und Steinen reden oder Bäume umarmen. Sie machen es euch vor, sie erinnern sich: wir sind alle eins, miteinander verbunden, jede(r) Einzelne ist unendlich wertvoll und ein wichtiger Teil der Schöpfung. Es geht nur miteinander und wir freuen uns auf den Tag, der kommen wird, an dem auch der letzte Mensch begriffen hat, dass es so ist – und dies auch lebt. In tiefer Liebe und Hingabe, das Kollektiv der Steine und Pflanzen.

„Ihr sprecht immer vom Geben und Nehmen.
Dies gilt auch in Bezug auf die Natur:
Nehmt die Geschenke und Schätze von Mutter Natur an, doch gebt dafür Achtsamkeit und Respekt zurück."
(Das Kollektiv der Steinwesen)

Über die Autorin

Lange Zeit arbeitete ich als Lehrperson in diversen Stufen, Fächern und Settings in der Schweiz. Nebst Ausbildungen im systemischen Coaching und als Gesundheitspraktikerin für spirituelle Wegbegleitung wirke ich aktuell im Bereich der von der geistigen Welt kommenden Definition der geistigen koordinativen Kommunikation als universelles Medium. Dies geschieht überkonfessionell, d. h. unabhängig von Glaubensrichtungen. Liebevoll und respektvoll biete ich dabei unter anderem Hilfe zur Selbsthilfe an, sowohl den unerlösten Seelen, wie auch ihren menschlichen Trägern.

Zudem führe ich energetische Hausreinigungen durch, biete die Erstellung von einzelnen Profilen bzw. Beziehungsprofilen in der Numerologie an und beziehe weitere Hintergründe aus Symbolarbeit sowie Arbeit mit Heilsteinen und Düften in mein Wirken mit ein. Im sogenannten Connecting biete ich Ihnen eine Verbindung zur geistigen Welt des Lichts, ihren Botschaften und Impulsen in Form von Erlebnismeditationen zu bestimmten geistigen Helfern und Themen an. Auf meinem

Blog beantworte ich ausgewählte Fragen einzelner Personen an die geistige Welt und vermittle deren Antworten und Impulse.

Vielleicht haben Sie noch weitere Fragen zu diesem Ratgeber? Gerne beantworte ich Ihnen diese und freue mich, von Ihnen zu hören oder zu lesen.

Ihre Marija Keller

Kontaktdaten:
Praxis **meinursprung**
Website: meinursprung.ch
Webblog: fragdieengel.ch